Zoé
détective de l'amour

À Tomas Comitta le troisième,
puisse-t-il lui aussi résoudre ses propres mystères
M. D.

Aux hommes de ma vie, Marc et Félix, tout mon amour,
aussi longtemps que durera toujours
C. B.

Catalogage avant publication de Bibliothèque et Archives nationales du Québec et Bibliothèque et Archives Canada

Demers, Marie
Zoé, détective de l'amour
Pour enfants.

ISBN 978-2-89512-905-9

I. Battuz, Christine. II. Titre.
PS8607.E565Z43 2010 jC843'.6 C2010-940549-8
PS9607.E565Z43 2010

Directrice de collection: Lucie Papineau
Direction artistique et graphisme:
Primeau Barey
Dépôt légal: 4e trimestre 2010
Bibliothèque et Archives nationales du Québec
Bibliothèque et Archives Canada

Dominique et compagnie
300, rue Arran, Saint-Lambert (Québec)
Canada J4R 1K5
Téléphone: 514 875-0327
Télécopieur: 450 672-5448
Courriel: dominiqueetcie@editionsheritage.com

www.dominiqueetcompagnie.com

Imprimé en Chine

Nous remercions le Conseil des Arts du Canada de l'aide accordée à notre programme de publication.

Nous reconnaissons l'aide financière du gouvernement du Canada par l'entremise du Fonds du livre du Canada pour nos activités d'édition.

Nous reconnaissons l'aide financière du gouvernement du Québec par l'entremise du Programme de crédit d'impôt pour l'édition de livres–SODEC–et du Programme d'aide aux entreprises du livre et de l'édition spécialisée.

Zoé détective de l'amour

Texte : Marie Demers
Illustrations : Christine Battuz

Dominique et Compagnie

Zoé n'a peut-être que sept ans et trois quarts, cela ne l'empêche pas d'avoir de sérieuses ambitions. Zoé rêve de devenir une grande détective. Elle souhaite résoudre les petites énigmes et aussi les grands mystères. Mais en attendant de trouver une enquête à sa hauteur, Zoé aime...

Zoé aime son papa. Même quand il l'appelle « Grenouille ». Zoé trouve qu'elle n'a rien d'une grenouille : ni de gros yeux globuleux, ni un corps visqueux. Elle réplique chaque fois à son papa que son vrai nom, c'est Zoé.

Zoé aime sa maman. Même quand elle lui dit de bien vouloir ranger sa chambre. Zoé se défend chaque fois parce que, franchement, sa chambre lui semble beaucoup plus jolie lorsque ses peluches sont éparpillées sur son lit, sur sa commode et sur le sol.

Zoé aime aussi son petit frère qui a toujours un ou deux doigts dans les narines. Selon elle, Carl dissimule ses crottes de nez derrière le fauteuil. Dé-gueu ! Mais toute bonne grande sœur a le devoir d'aimer son petit frère, non ?

Voilà. Zoé aime sa famille. Elle aime aussi Julie, sa meilleure copine, qui ressemble un peu à un écureuil, surtout quand elle ouvre la bouche. Elle aime en plus Martin, son hamster bedonnant, et Poissonne, le poisson rouge aux yeux pétillants.

Cependant, quand Zoé pense à l'autre sorte d'amour, comme celui de son papa et de sa maman, elle se pose d'importantes questions. Zoé se demande : « Pourquoi les gens tombent-ils amoureux ? »

Quand Zoé pense aux couples qui l'entourent, elle comprend encore moins pourquoi deux personnes tombent amoureuses.

Par exemple, le papa de Zoé est tout petit, tandis que la maman de Zoé est très grande et plutôt poilue. Elle a d'énormes mains et une voix aussi forte que celle d'une chanteuse d'opéra. Son papa, lui, chuchote plus qu'il ne parle et ses pieds pourraient entrer au moins deux fois dans les chaussures de sa femme. Zoé voit difficilement comment deux personnes si différentes peuvent tomber amoureuses.

Carl, le petit frère de Zoé, a trois ans et il est lui aussi amoureux. Sa copine s'appelle Ginette et n'a qu'un an et demi. Quand Carl et Ginette sont ensemble, ils se disent très peu de mots. La plupart du temps, ils regardent la télé en silence et font des pauses pour se sourire ou pour rigoler. Zoé soupçonne d'ailleurs Ginette de savoir uniquement dire « Carl », « jambon » et « père Noël ». Zoé voit mal comment deux personnes qui ne discutent même pas peuvent arriver à tomber amoureuses...

Le plus étrange de tout, vraiment, c'est l'histoire de Martin, le hamster de Zoé. Au grand désespoir des parents, Martin vit en liberté dans la maison. À la moindre occasion, Martin se faufile dans la pièce où se trouve Poissonne, le poisson rouge. Chaque fois que Zoé cherche Martin, elle le retrouve le museau collé sur la vitre du bocal de Poissonne. Selon le petit frère de Zoé, Martin le hamster est amoureux. Faut-il expliquer pourquoi Zoé trouve cela très, très farfelu ?

Face à toutes ces incompréhensions amoureuses, Zoé pense avoir enfin trouvé un grand mystère à résoudre. Elle décide de pratiquer son futur métier de détective en enquêtant sur l'amour. Sinon, décidément, elle n'y comprendra jamais rien. La stratégie la mieux adaptée, selon Zoé, c'est de faire enquête. Elle prend donc cahier et crayon, pose son chapeau marron de détective sur sa tête et emprunte à son papa un nœud papillon (tout le monde sait qu'un vrai détective porte toujours un nœud papillon). Zoé est prête à commencer.

Premiers sujets de l'enquête : papa et maman. Zoé décide de ne prendre aucun détour. Mieux vaut poser des questions directement.

– Papa, maman, pourquoi vous aimez-vous ?

D'abord ses parents paraissent surpris. Puis ils se regardent. Ils ne disent rien durant plusieurs secondes et, d'un coup, les grandes mains poilues de sa maman soulèvent le petit corps maigrichon du papa de Zoé. Sa maman explose de son grand rire chantant d'opérette. Son papa éclate de son petit rire discret de souris. Zoé, elle, note tout dans son cahier.

Deuxièmes sujets de l'enquête: Ginette et Carl. Comme d'habitude, ils sont en train de regarder la télé. Ils font parfois des pauses pour se sourire, mais ne disent rien. Zoé se dirige vers son petit frère (parce qu'il sait dire plus de trois mots) et lui demande:

– Carl, pourquoi toi et Ginette vous êtes amoureux?

Un grand sourire éclaire immédiatement le visage du petit garçon. Carl se tourne vers Ginette et plonge un doigt dans une de ses narines. Ravie, Ginette l'imite et fait entrer un doigt boudiné dans son petit nez. Ils éclatent de rire au même moment. Zoé lève les yeux au ciel et note tout dans son cahier.

Zoé, découragée, décide de retourner à son bureau de détective (sa chambre) pour réfléchir. Elle aperçoit Martin le hamster, le museau encore affectueusement collé sur la vitre du bocal de Poissonne. Elle ouvre son cahier, relit ses notes et hausse finalement les épaules. Vraiment, c'est à n'y rien comprendre. Zoé clôt l'enquête en s'exclamant :

– Tout ça, c'est complètement insensé. L'amour, moi, je n'en veux pas, de toute façon.

Elle ferme son cahier d'un air rageur et décide de ne plus y penser.

Le lundi suivant, arborant désormais son nœud papillon de détective en permanence, Zoé entre dans la cour d'école. Comme d'habitude, elle se dirige vers sa copine Julie qui la salue en ouvrant sa bouche d'écureuil :
– Allô, Zoé !

Puis Julie prend un air mystérieux et pointe son index vers le fond de la cour d'école.
– Il y a un petit nouveau, dit Julie.

Elle ajoute en fronçant les sourcils :
– Franchement, il a l'air bizarre.

Zoé suit du regard l'index de Julie et, sans trop savoir pourquoi, sûrement piquée par sa curiosité de détective, elle se dirige vers le petit nouveau.

Zoé s'arrête à quelques mètres du garçon. Il est accroupi et regarde fixement le sol. Zoé ne peut d'abord distinguer son visage. Elle voit seulement qu'il examine quelque chose à travers une grosse loupe. Zoé se rapproche davantage et découvre l'objet d'étude du garçon : une sauterelle vert électrique aux dimensions impressionnantes. Le garçon s'aperçoit de la présence de Zoé et sursaute. Il se retourne d'un coup et dit :

– Salut !

Il a un nez un peu trop gros pour son visage et des dizaines et des dizaines de taches de rousseur. Subitement, Zoé sent son cœur battre étrangement vite et ses pommettes se réchauffer.

Les jours suivants, Zoé ne peut s'enlever de la tête le souvenir du garçon dont elle ne connaît même pas le nom. Chaque fois qu'elle imagine son nez proéminent ou ses multiples taches de rousseur, elle sent ses jambes ramollir et son cœur se met à danser. Elle croit bien savoir ce qui est en train de lui arriver… À nouveau, des questions viennent titiller l'esprit de Zoé. Et si l'amour n'avait rien de logique ? Et si, justement, on ne pouvait empêcher les cœurs de soupirer pour des raisons de grandeur ou de tailles de nez ? Peut-être qu'au fond, l'amour, ça ne s'explique tout simplement pas, songe Zoé.

De toute façon, pour Zoé, une nouvelle énigme se fait plus urgente à résoudre…

... quel est le nombre exact de taches de rousseur qui recouvrent les joues du petit nouveau ?

Selon Zoé, il faudra sûrement faire encore enquête directement...